AF267036

A BAS LES TONKINS !!!

PROCÈS ÉLECTORAL

PAR

LOUIS SEYRAND

Prix : 20 Centimes

PARIS

LIBRAIRIE NATIONALE

AVENUE VICTOR-HUGO

—

1885

Au moment où des élections générales vont avoir lieu dans toute la France pour le renouvellement de la Chambre des Députés, nous avons pensé qu'il pouvait être utile de grouper tous les griefs, trop justifiés, qu'on reproche à la République et aux républicains.

Ce petit opuscule intitulé : *A bas les Tonkins ! ! !* vise directement et plus spécialement les députés de la majorité ferryste qui ont soutenu de leurs votes cette guerre, si mal conçue et si criminellement dirigée par nos avocats politiciens.

Les Tonkins, tel est le nom qu'on leur donne à présent, partout dans nos campagnes. Lorsque les paysans aperçoivent un député républicain qui passe, ils clignent de l'œil et disent en se le montrant du doigt : « Vois-tu celui-là ?... Eh bien, c'est *un Tonkin !* »

Rien, dans ce qu'on va lire, n'est dû à la fantaisie. Les faits, comme les anecdotes, sont de la plus parfaite authenticité.

Si ces quelques lignes doivent aider, pour leur faible part, au succès de la Cause Conservatrice, nous nous estimerons très heureux d'avoir travaillé utilement.

Louis SEYRAND.

12 août 1885.

A BAS LES TONKINS !!!

PROCÈS ÉLECTORAL

Eh bien ! Père Jean ! Les élections approchent : Je puis toujours compter sur vous, n'est-ce pas ? Vous jouissez d'une certaine influence dans le canton, et il est toujours sage de compter ses amis avant d'engager la bataille.

— Ah ! Monsieur le Député ! A vous dire bien franchement...

— Pardon ! père Jean, je ne suis plus député, puisque je me représente à vos suffrages ; tout au plus suis-je député sortant. Pour le moment, ne voyez en moi qu'un candidat.

— C'est vrai. Eh bien ! Monsieur le Candidat, à vous parler franc, votre visite ne me fait pas plaisir...

— Pourquoi donc cela, père Jean ? Expliquez-vous, et surtout n'ayez pas peur de parler ; nous sommes de vieilles connaissances nous deux : votre fils et le mien ont été à l'école ensemble, puis au collège, aujourd'hui ils font leur droit. C'est un fort bel homme que votre fils, père Jean. Je l'ai rencontré l'avant-veille de mon départ, place de la Concorde, à ma sortie de la Chambre ; il avait fort bon air ma foi : son portefeuille sous le bras, on eût dit un ministre. Qui sait ? Peut-être un jour le sera-t-il ?

— Vous êtes bien bon, Monsieur le député, pardon !.. Monsieur le Candidat. En tout cas, si mon garçon devient un jour ministre, ce ne sera toujours pas ministre de la République, car il ne l'aime guère !

— Ah bah !!.. C'est étrange vraiment ! Cette pauvre République ! Tout le monde lui en veut, depuis quelque temps.

— Je ne sais pas si tout le monde lui en veut, mais ce que je sais bien, c'est que je n'en veux plus !

— Ah çà mais ! Père Jean, les bras m'en tombent !.. Vous qui êtes intelligent...

— Monsieur le candidat, vous êtes bien honnête ; mais c'est précisément parce que je me crois intelligent, que je refuse catégoriquement de vous suivre plus longtemps dans la voie républicaine. J'ai réfléchi, voyez-vous, j'ai observé, j'ai comparé et, je suis désolé de vous le dire, mais j'aime mieux vous parler avec franchise : Eh bien ! ni mes amis, ni moi, nous ne voterons la liste sur laquelle vous figurerez.

— Comment ! Vous voteriez la liste réactionnaire !!

— Parfaitement ! Et sans biffer aucun nom, encore !..

— Père Jean, vous oubliez que la Constitution est formelle ; elle défend positivement de renverser la République !

— Et Napoléon III ? Et Louis-Philippe ? Et Charles X ?.. Trois Constitutions ne les protégeaient-elles pas, eux aussi ? Eh bien ! Qu'avez-vous fait de ces trois couronnes ?.. Croyez-vous que nous allons nous gêner davantage avec votre République ? Elle n'est pas sacro-sainte, que diable !! et on le lui fera voir bientôt, en faisant voler son affreux bonnet par-dessus tous les moulins de France et de Navarre. Seulement, nous ferons *légalement* et pacifiquement, avec le bulletin de vote, ce que vous avez toujours fait avec l'illégalité, l'insurrection et le fusil. Et le jour où le glaive de la Loi l'aura frappée, *la Gueuse* sera morte et bien morte, je vous en réponds ! En attendant, comme il faut commencer par quelque chose, nous allons d'abord envoyer à la Chambre, des hommes qui pensent et qui votent autrement que les 363, que nous appelons maintenant dans nos campagnes : *Les Tonkins.*

— Alors, père Jean, pour vous tous, mes anciens électeurs, me voilà devenu : *un Tonkin.* Le sobriquet n'est pas flatteur !,.. Enfin !...

— Dam ! monsieur, ce n'est pas moi qui ai créé le mot... Votre défunt chef, Gambetta, avait inventé « le Gouvernement des Curés » nous, qui n'avons pas tant d'esprit que lui, nous avons surnommé les Députés de la majorité ferryste : *les Tonkins.* Chacun fait ce qu'il peut.

— Voyons, père Jean, c'est convenu : La République est deve-
nue détestable, exécrable, abominable, vous voyez que je vous
fais la part belle! Maintenant, dites-moi, que lui reprochez-vous
à la République?

— Ah! monsieur le candidat, les bras m'en tombent, à mon
tour! C'est sérieusement que vous parlez? Et vous me demandez
avec sang-froid ce que je reproche à la République? Mais je lui
reproche de nous avoir donné tout le contraire de ce que vous
nous aviez promis en son nom : la persécution religieuse, au lieu
de la paix des consciences; l'oppression et l'arbitraire au lieu
de la liberté; la dilapidation folle dans les finances, au lieu de
l'économie et du bon marché; les impôts toujours croissants,
au lieu du dégrèvement; le marasme dans les affaires, au lieu
de la prospérité; l'abaissement moral, au lieu de la dignité; la
guerre, au lieu de la paix! Maintenant voulez-vous que nous
causions? Je ne crains pas la discussion, allez! Mon fils m'a
appris à parler politique.

—Eh bien! père Jean, je vous le dis en ami; si vous voulez
renverser la République, et revenir en arrière, grand bien vous
fasse, mon brave! Essayez si vous pouvez!

— Je vous l'ai dit, monsieur, nous essaierons, et nous le pourrons, avec l'aide de Dieu et de la Loi. Quant à revenir en
arrière, vous savez parfaitement que personne en France n'y
songe! Ce qu'on veut, c'est se débarrasser des républicains et
les remplacer par des conservateurs.

— Bon! Voilà le grand mot lâché : Conservateur!! Mais conservateur de quoi? puisque vous êtes devenu l'ennemi de la
République. Le savez-vous bien vous-même, mon pauvre ami?

— Mon Dieu! c'est bien simple, conservateur de tout ce que
vous avez détruit, et de tout ce que vous voulez détruire encore.

— Allons donc!!

— Dites-moi, vous n'êtes plus à la Chambre ici... «Allons
donc » n'est pas un argument. Vous ne connaissez que cela,
vous tous, messieurs de la gauche, quand un orateur vous gêne :
« Allons donc!... Allons donc!! » Comme c'est probant cela!

— Alors, père Jean, vous rêvez une République sans républicains?

— M. Thiers, qui était un autre homme que moi, n'a jamais
dit autre chose, monsieur, vous l'applaudissiez dans ce temps là,

parce qu'il vous gardait le mot, s'il ne vous donnait la chose. Mais que de chemin parcouru depuis!... Et c'est ce qui me fait vous dire que, même la République sans républicains est loin d'être mon idéal.

— Cette fois, père Jean, voilà du parti pris.

— Dutout, monsieur! mais j'ai lieu de me méfier, et je n'aime pas beaucoup un régime qui commence par M. Dufaure, et qui finit par Ferry, Brisson ou Clémenceau.

— Mais c'est la marche progressive de la République!

— Ah! Vous appelez celà du progrès, vous! Moi j'appelle celà de la décadence!.. Et puisque c'est la marche de la République, dites-vôus, je vous prédis qu'à cette allure là, elle se cassera les reins.

— Père Jean, quelle idée vous faites-vous donc de la République?

— Vous voulez dire : quelle idée je m'en faisais? Mon Dieu! Je me figurais la République, un gouvernement modéré, moral, appuyé sur des lois tutélaires, et protégeant au lieu d'opprimer.

— Et vous vous imaginez que vous seriez plus heureux sous un roi?

— Ah! Ah!! Voilà aussi le grand mot lâché: Le roi! Faites-en votre deuil, mon cher monsieur : le comte de Chambord, si droit, si loyal, n'est plus. On avait peur de lui, je ne sais trop pourquoi ; mais ne vous figurez pas qu'il existe les mêmes appréhensions, les mêmes préjugés contre son héritier légitime, M. le comte de Paris, fils du duc d'Orléans, petit-fils de Louis-Philippe. Sachez-le bien, monsieur, n'en déplaise à trois ou quatre illuminés qui tiennent encore pour le parti des « Blancs d'Espagne » jamais un espagnol ne sera roi de France... Après Henri III, nous avons crié: Vive Henri IV! Après Henri IV, nous avons crié: Vive Henri V! Après Henri V, nous crierons: Vive Philippe VII! Mais, quant à crier: Parme! ou Madrid! un français n'y consentira jamais!!... Tout se verra en France, excepté celà!.. Vous m'avez posé une question, j'y réponds: « Croyez-vous, m'avez-vous dit, que sous un roi vous seriez plus heureux. »... Et pourquoi pas?

— Allons donc!

— Encore un « allons donc » qui ne prouve pas grand'chose!

— Par exemple! Père Jean, vous qui voulez des économies, vous prenez en vérité un singulier moyen pour y arriver! Et la liste civile? Vous n'y pensez donc pas? Et les princes du sang, et les dotations, les majorats, les prébendes!!...

— Doucement! monsieur le candidat, vous employez là des mots bons tout au plus à « épater le paysan » comme dit notre sous-préfet, mais qui n'ont plus ni queue ni tête dans le moment présent. La Monarchie traditionnelle n'a jamais payé de « majorats ». Quant aux « prébendes » c'est un vieux mot d'avant 89, qui désigne les redevances que payaient les fermiers du clergé, avant que la Révolution lui ait volé ses biens. Restent donc la liste civile et les dotations. Vous allez voir qu'il n'est pas besoin d'avoir de roi en France, pour imposer aux contribuables ce luxe de dépenses... Votre Président de République, qui en 1848 demandait lui-même l'abolition de la présidence, et dont le seul rôle actif aujourd'hui, consiste à gracier les condamnés à mort, ne touche-t-il pas une liste civile, plus des frais de représentation, pour recevoir chichement deux fois par an... Et le budget lui alloue encore 300,000 francs de frais de voyage pour ne jamais bouger. J'ajouterai que dans ses excursions à Mont-sous-Vaudrey ou à Chenonceaux, c'est l'État qui paie le chemin de fer. Et je ne vous dis pas que toute sa famille est logée, hébergée au palais de l'Élysée avec les deniers des contribuables... Et votre jolie politique coloniale ne nous impose-t-elle pas de véritables dotations. C'est le bey de Tunis, le roi d'Annam, la reine de Madagascar, le roi de Cambodge, et autres *makokos* qu'il plaît à la démocratie républicaine d'engraisser à nos frais... sans compter l'entretien des palais de tous ces sauvages! franchement, c'est un ridicule qui nous coûte cher. Et dire que la veuve du brave commandant Rivière attend encore un bureau de tabac! Et puis, que venez-vous me parler de dépenses augmentées si un Roi revenait. Vous savez très bien que, même sous l'Empire, et malgré « le célèbre escalier du Trocadéro, la cour de Compiègne et les cent-gardes ». le budget était moins élevé et la dette moins énorme qu'aujourd'hui, en pleine République des républicains. Je vous en préviens, monsieur le candidat, tout cela a pu prendre dans le temps, mais cela ne prend plus, à l'heure qu'il est, c'est trop usé, trouvez-nous autre chose. Soyez tranquille, le pays se tient sur ses gardes.

— Vous prétendez alors, père Jean, que le pays ne veut plus de la République?

— Dam! monsieur, il s'en écarte tous les jours!

— Comment cela, s'il vous plaît?

— Voyez les élections depuis quelque temps ; elles vous sont diantrement défavorables!

— Bah! quelques accidents par ci par là, et pour des causes toutes locales.

— Euh! ils se répètent chaque dimanche, les « accidents », comme vous les appelez ; et si vous les attribuez à des causes purement locales, vous vous trompez, car dans l'état où vous nous avez mis, nous sommes bien forcés de ne plus faire les élections, même municipales, que sur le terrain politique. Vos journaux ne s'en sont certes pas vantés, mais consultez le *Journal officiel*, et vous verrez que, depuis le mois de décembre, jusqu'à la seconde quinzaine de juin, sur 113 élections de toute nature, il y en a eu 84 conservatrices contre 29 républicaines. Je pourrais ajouter que, depuis dix-huit mois, partout où vous triomphez encore, vous perdez des voix en nombre considérable.

— C'est égal, père Jean, ne vous réjouissez pas si vite, nous sommes encore à la Chambre plus de 300 républicains, et il vous faudra du temps pour nous démonter.

— A votre tour, monsieur, ne soyez pas si fier de votre écrasante majorité!

Vous ne l'avez obtenue qu'en trompant le pays, en lui faisant croire au républicanisme du Sénat nouvellement élu. Sur un mot d'ordre du grand chef Gambetta, tous vos journaux s'étaient écriés : « avec un Sénat républicain, il nous faut une Chambre républicaine, afin d'éviter tout conflit. » Le corps électoral donne dans le piège ; l'événement prouva que le Sénat n'était pas républicain du tout, mais le tour était joué : Gambetta possédait sa fameuse majorité des 363.

Le Seize mai arrive, et comme vous avez une franchise qui vous est particulière à vous, Messieurs, vous êtes tous d'avis, pour triompher des préfets de Monsieur de Fourtou, de présenter au pays « un front conservateur. » C'est votre propre expression... Une seconde fois, nous nous y sommes laissé prendre. Et pour contenter le pays un petit instant, vous débutez par un ministère Dufaure-Léon Say-Waddington, toute la fine fleur du plus pur centre gauche. Eh bien! je vous le demande, après deux législatures bien franchement républicaines, qu'est-il devenu votre « front conservateur » ? Le ministère de demain sera un ministère Clémenceau, et avant quatre ans d'ici, le citoyen Lisbonne aura le portefeuille de l'intérieur, et le général Eudes sera ministre de la guerre... Et le 14 juillet dernier, l'aimable Lisbonne, déjà nommé, vous promettait « pour 1889, comme réjouissance nationale, la tête de Jules Ferry au bout d'une pique, avec cent mille têtes de bourgeois exploiteurs du peuple. »

— Tenez, père Jean, vous me faites hausser les épaules tout simplement.

— Ça, c'est votre habitude, monsieur le candidat. Aux élections de 1881, quand Monsieur le Baron, le propriétaire du château, vous a prédit dans une réunion publique, tout ce qui arriverait avec vous et les vôtres, vous avez ri et haussé les épaules en l'accusant de chercher à effrayer les électeurs. Vous avez parlé d'exagération, de manœuvre, de spectre rouge, etc., etc... et moi aussi, j'ai ri, en entendant les prédictions de Monsieur le Baron ; mais aujourd'hui, quand je le rencontre, je rougis jusqu'au blanc des yeux et je me dis : qui est-ce qui avait raison, pourtant ?

Et, puisque vous trouvez bon que la République soit « progressive », comme vous dites, pourquoi voulez-vous que, d'étape en étape, elle n'arrive pas bientôt à la période sanglante ? Nous en sommes aujourd'hui à « l'imbécillité », « le sang » n'est pas loin, si nous continuons.

— Ne tremblez pas, père Jean, nous serons là pour vous défendre.

— Oui, comme à l'enterrement du communard Cournet, où vous avez capitulé devant le drapeau rouge... Mais continuons : A peine la Chambre siégeait-elle, que vous avez commencé à frapper comme des insensés, à droite et à gauche, tout ce qui vous gênait. Vous sachant sur vos sièges pour quatre bonnes années, vous avez chassé les religieux de leur domicile légal. Notre clergé de paroisse, nos chanoines, ont vu leur traitement supprimé.

— Je vous arrête là, père Jean, nous avons rétabli, avant de nous séparer, le traitement des chanoines, encore vivants, puisque nous procédons par extinction.

— Oui dà ! à la veille des élections, c'était adroit ! Mais, voyez-vous, monsieur le candidat, la conversion est un peu trop fraîche, cela ne nous suffit pas ! Nous sommes devenus méfiants, vous savez ! Et puis, l'an prochain, vous le supprimerez à nouveau, c'est dans vos traditions... Après ses ministres, c'est au bon Dieu que vous faites la guerre ! Vous le chassez de l'école, des hôpitaux, des prétoires, vous lui interdisez même la voie publique, en supprimant (malgré la loi) nos belles processions de la Fête-Dieu.

— Père Jean ! vous savez bien que c'est par respect pour le Saint-Sacrement. De mauvais garnements se promettaient de troubler les processions, et vous, tout le premier, qui êtes bon catholique, vous eussiez été désolé, si une insulte publique eût été faite à votre Dieu !

— Dites-moi donc, monsieur le candidat, si les renseigne-ments de police vous avertissaient, vous, maire de votre ville, que quatre ou cinq cents drôles ont l'intention d'empêcher une cavalcade ou de couper le cortège des fêtes laïques de corpora-tion, interdiriez-vous l'une ou l'autre ?.. Vous mettriez sur pied, n'est-ce pas, autant de gendarmes qu'il le faudrait, quitte à con-voquer toutes les brigades de l'arrondissement, mais la caval-cade sortirait tout de même, et les jeunes filles tricolores aussi !

— Voyons, père Jean, ce n'est pas la même chose...

— Non, certes, ce n'est pas la même chose, et la raison que vous me donnez est loin de me convaincre, je vous en avertis... Vous enlevez les croix des cimetières, en attendant que vous touchiez aux tombes. Vous chassez même Dieu de ses temples, comme à Sainte-Geneviève, et vous appelez cela « désaffecter les églises ». Vous expulsez les aumôniers de nos vaisseaux, de notre armée ; et, si vous les tolérez encore dans les lycées, c'est crainte de mécontenter la clientèle des parents... Vient ensuite le tour de la magistrature, que vous dépouillez de son caractère inamovible.

— La Restauration l'avait fait avant nous.

— Voulez-vous nous rendre Louis XVIII, avec toutes ses lois, et son drapeau blanc par-dessus le marché ?

— Ma foi non !

— Alors, laissez-moi continuer... Au lieu de magistrats indé-pendants, qui ne jugent que suivant leur conscience, et qui ne rendent que *des arrêts*, il vous faut des magistrats « épurés », qui ne vous rendent que *des services*. Voilà ce que vous faites de la dignité et de l'indépendance de la magistrature !... Après les magistrats, l'armée. Les états de service, les blessures ne sont rien à vos yeux ; vous brisez à votre guise généraux de corps d'armée, colonels et commandants de territoriale, qui ne flagornent pas la République. Sous prétexte de démocratie, vous démoralisez l'armée et vous y jetez la désorganisation... Au soldat qui expose sa vie sur les champs de bataille, vous fermez les portes de l'église, et vous lui défendez d'aller faire une dernière prière sur le cercueil de ses chefs respectés. Enfin, tout ce qui subit votre contact, souffre d'une mutilation ou d'une souillure.

— Mais, diable d'homme ! tout ce que vous me citez-là nous l'avons fait avec des lois, votées par les deux Chambres, et signées du Président de la République.

— Exceptez vos décrets, cependant !

— Mais ils ont force de loi.

— Alors, pourquoi avoir pris la peine de consulter les Chambres ? C'est que vous comptiez donner plus de force à vos décisions, en vous appuyant sur une loi. Or, puisque cette loi vous a été refusée, vos décrets ne sont plus qu'un acte purement arbitraire, et contre lequel vous avez eu bien peur un instant que l'on ne s'insurgeât.

— Eh bien ! père Jean, l'armée aurait fait son devoir, voilà tout !

— Diable ! Vous en prenez bien à votre aise, monsieur, pour un pensionné du Deux Décembre. Voilà deux poids et deux mesures, ou je ne m'y connais pas ! C'est joli, de spéculer sur l'obéissance passive de l'armée, pour violer la loi impunément !

— Mais encore une fois, nous ne l'avons pas violée : les décrets, je vous le répète, sont parfaitement légaux.

— Ah ! je sais que vous donnez à toutes vos exactions les apparences de la légalité. Parbleu, Jésus-Christ a été crucifié en vertu de lois romaines, et la Convention a fait une loi pour guillotiner Louis XVI ; ce qui n'empêche pas tout ce qu'il y a d'honnête sur terre de les considérer l'un et l'autre comme des victimes... Tenez, monsieur, vous me demandiez au début de cet entretien quelle idée je me faisais de la République, je vous demanderai à mon tour : quelle idée vous faites-vous donc de la Loi ?

— La réponse est facile, père Jean : La Loi est faite pour protéger d'abord le pouvoir, les institutions que la France s'est donnée, et qu'elle entend conserver intactes, ne l'oubliez pas ! Or, ces institutions, c'est le Gouvernement républicain qui a bien le droit de se défendre, j'imagine, contre des ennemis coalisés de toutes parts, et de parti pris.

— C'est un peu fort, par exemple !... Comment ! voilà la définition que vous me faites de la Loi... Je regrette de vous le dire, Monsieur, mais c'est avec ces idées là qu'on abêtit tout un pays, et vous avez déjà commencé, voyez-vous... Autrefois, la jeunesse française sentait son cœur battre, son œil briller aux grands mots de Liberté et d'Indépendance... Aujourd'hui, c'est effrayant ! Des jeunes gens de vingt ans ont le sang plus autoritaire que feu M. Rouher, lui-même, et les Ferry, les Waldeck et autres autocrates, ont façonné leur âme à tout subir, tout admirer, tout applaudir, du moment ou c'est la République qui le fait. Pour eux, les Chambres ne sont rien, c'est le Gouvernement qui est tout. On supprimerait demain le Parlement tout entier, ils applaudiraient avec enthousiasme. J'ai entendu de mes oreilles un jeune homme s'écrier à la déchéance du cabinet Ferry : « Ces députés sont à pendre ! Les soldats doivent obéissance à leur colonel, pourquoi les députés se révoltent-ils contre M. Jules Ferry ? C'est leur chef, en somme !... » Voilà votre œuvre, Messieurs les autoritaires ! Eh bien, je le répète, c'est comme cela qu'on abrutit une nation, c'est en la tenant sous le joug, presque sous le knout, en lui cornant aux oreilles qu'elle possède la liberté.

— La liberté ? Vous l'avez, Dieu merci, demandez plutôt au Baron, qui reçoit la « *Gazette de France* » et le « *Triboulet* ».

— Soyons juste ! Si le *Triboulet*, qui, en définitive, use de son droit, en faisant toutes les semaines à M. Grévy une figure de singe, si le *Triboulet*, dis-je, était lu dans les ateliers et dans les cabarets, une belle et bonne loi, comme vous savez en faire, l'aurait bien vite interdit. Vous ne le tolérez, que parce que vous savez fort bien que les classes qui le lisent, ne viendront jamais à vous. Vous en avez pris votre parti et vous avez bien fait. Donc, de ce côté, aucune obligation, n'est-ce pas ?

— Père Jean, vous devenez injuste.

— Non, monsieur ! Mais si je pouvais choisir, je me soucierais bien davantage des libertés infiniment plus précieuses que vous nous avez supprimées d'un trait de plume.

— Mais, entêté que vous êtes ! je vous dis que c'est la loi, il faut s'y conformer.

— Oui... « *Dura Lex, sed Lex* » comme dit votre journal. Cela se dit à propos du sel, des allumettes chimiques, des droits de mutations, ou de l'impôt sur les chiens ! Mais venir sentencieusement dire cela à des opprimés et à des persécutés, ce n'est pas généreux... La loi est faite pour protéger les faibles : Demandez au « meunier Sans-Souci » tout heureux de trouver « des juges à Berlin » contre les exigences royales du grand Frédéric... La loi, monsieur, mais c'est une garantie tutélaire contre l'abus du droit et de la force ! Dans les sociétés bien équilibrées, le roi, lui-même, doit s'incliner devant elle... En arrivant au pouvoir, vous avez trouvé une foule de lois protectrices, mais comme vous aviez des intentions peu honnêtes, vous vous êtes empressés de les changer au fur et à mesure de vos besoins.

— Nous avons bien le droit de faire des lois !

— Certes, mais elles perdent singulièrement de leur autorité et de leur prestige, lorsqu'elles deviennent des instruments aux mains de ceux qui s'en servent dans l'unique but de favoriser tous leurs calculs, leurs ambitions, leurs appétits et leurs caprices... Dans ces conditions la loi constitue de la part d'un gouvernement, l'abus de pouvoir le plus criant, la tyrannie la plus épouvantable. C'est le « droit du plus fort », Bismarck n'en connaît pas d'autre.

— Admettez-vous donc, père Jean, que la République doive être le seul régime qui n'ait pas le droit de se défendre ?

— En voilà une raison !... Et la Constitution pourquoi la comptez-vous ? Ne suffit-elle pas amplement à protéger votre République ?... Est-ce que toutes les lois d'un pays ne doivent viser qu'à défendre le gouvernement ?... Les tyrans de l'antique Rome plaçaient des gardes jusqu'au pied de leur lit, et malgré cela, ils n'osaient s'endormir. Eh ! bien, vous faites comme eux parce que vous ne vous sentez pas non plus la conscience tranquille. Quels cris de paon vous pousseriez tous, si la roue venait à tourner, et que demain, devenus *minorité*, vous fussiez traités par nous, comme vous nous traitez aujourd'hui !

— Pas de danger ! père Jean, la roue ne tournera pas !

— En êtes-vous bien sûr ?... En six mois : 29 élections républicaines, et 84 en faveur de la réaction, méditez cela !... Et depuis le 15 juin, chaque dimanche apporte aux conservateurs une surprise, et aux républicains, une déconvenue. .

— Que diantre ! vous voilà devenu bien arrogant avec vos succès partiels ! ce sont des escarmouches d'arrondissements, de cantons, de communes même, mais au scrutin de liste et dans toute la France, vous allez voir !...

— Eh bien oui, nous allons voir, monsieur le candidat, et je crois pardieu bien que ce que vous allez voir, ne vous fera pas rire ! L'élan est donné, voyez-vous, il y a un courant, que le vote par département ne pourra que favoriser, malgré vos préfets. vos gardes-champêtres et vos fonds secrets. Malheureusement pour vous, Gambetta est mort, et Ferry est par terre ; mais le scrutin de liste est voté, messeigneurs ! Il reste debout, et il retombera sur vos têtes, en vous écrasant le nez, pour vous rendre ridicules.... Plusieurs de vos collègues vous ont prévenu lors de la discussion, que vous faisiez fausse route, en voulant toucher au vote par arrondissement ; ils vous ont conjuré de vous souvenir que le scrutin de liste avait toujours donné à la France des assemblées anti-républicaines, n'importe ! Ferry avait son audace, Waldeck avait ses préfets, vous comptiez sur leur « poigne » pour vous faire réélire... Aujourd'hui les choses ont changé : l'opportunisme a été frappé par les balles chinoises à Lang-Son, et ce n'est pas vous, messieurs, qui le ressusciterez, même avec le faux-nez du « radicalisme gouvernemental ». Il y a des courants qu'on ne remonte pas ! L'homme de l'article 7 a pu s'en convaincre à Lyon.

— Que me chantez-vous là, père Jean ? Lang-Son n'a rien fait du tout à la République.

— Non, je crois bien !... Demandez-le donc à monsieur Marcel Barthe, sénateur républicain, qui disait alors à un de ses collègues : « Si les élections avait eu lieu huit jours après la retraite de Lang-Son c'en était fait des institutions républicaines ».

— Ce n'est pas très patriotique de rappeler ces choses-là, père Jean !

— Oh là ! monsieur !... En fait de patriotisme, je ne permettrai jamais à qui que ce soit de m'en remontrer, et à un républicain, moins qu'à personne !

— Ah ! celle-là est jolie par exemple ! nous n'allons pas chercher notre mot d'ordre à Rome, au vu et au su de tout le monde, nous autres, et nous n'avons pas deux patries !

— Mieux vaut aller chercher son mot d'ordre à Rome, qu'à Berlin, monsieur le candidat, ou chez les francs-maçons qui ont trop de patries pour en avoir une et qui se cachent pour faire le mal... Et puis, dites donc, ce n'est pas moi qui vais mendier l'appui des journaux d'outre-Rhin, pour remonter au banc des ministres ! Ce n'est pas moi qui serais allé, à une certaine époque, prendre l'avis de M. de Bismark, pour le maintien de la République, et la dispersion de notre armée un peu partout. Bismark est notre plus mortel ennemi, et un enfant de deux jours se serait méfié de ses conseils : tandis qu'à Rome, puisque vous en parlez, on a toujours aimé la France ; chaque fois que des français vont saluer Léon XIII, le saint vieillard ne leur donne pour notre cher pays, que des paroles émues et affectueuses. Et en 1870, pendant que la patrie agonisait sous le talon prussien, Pie IX qui nous envoyait — ses Zouaves — pour sauver l'armée de Chanzy, fut le seul souverain d'Europe, qui ait pleuré sur la France et prié pour elle.

— Bravo ! père Jean ; votre fils peut être fier de sa recrue. Vous voilà imprégné de cléricalisme jusqu'aux moelles.

— Encore un mot qui ne prend plus, monsieur le candidat ! et qu'il vous faut supprimer de tous vos accessoires de polémique électorale... Nous avez-vous assez bernés avec votre « cléricalisme »... Tant pis pour vous, mais nous n'y croyons plus ! Lisez du reste les programmes conservateurs signés des noms les plus « cléricaux », ils se bornent à demander la liberté pour eux comme pour les autres, rien de plus, rien de moins.

— Leur liberté n'est pas la nôtre !

— Oh ! malheureux ! ne dites pas cela ! Raoul Rigault a répondu la même chose à monseigneur Darboy avant de l'envoyer à la mort.

— Voyons, père Jean, il faudrait s'entendre : si la religion devient un masque destiné à cacher tout un parti politique hostile à la République...

— Oui dà !... ah ! que monsieur le baron avait raison lorsqu'il vous disait : « C'est en vain, messieurs, que vous cherchez à établir une distinction entre le cléricalisme et le catholicisme... c'est la religion elle-même que vous poursuivez!- »

— Permettez, père Jean! Vous y mettez de l'entêtement. Voulez-vous prendre la peine de lire tous les noms qui figurent au bas du factum clérical, vous y verrez un amalgame de légitimistes, de bonapartistes et d'orléanistes, tous ennemis au même degré des institutions républicaines.

— Cela ne prouve qu'une chose, c'est que la question religieuse réunit tous les hommes d'ordre, sans distinction de partis.

— Fort bien! seulement, père Jean, méfiez-vous! Ces gens-là marchent la main dans la main, pour faire l'assaut de la République, mais ils se détestent mutuellement, et si, par impossible, ils venaient à triompher, les querelles et les malentendus reparaîtraient de plus belle. Du reste, en voilà une coalition immorale!.. quand on s'est disputé, invectivé, injurié, comme l'ont fait les partisans de l'aigle, du coq et de la fleur de lys, il ne faut vraiment pas être fiers, pour voter les uns pour les autres!

— Chacun son avis, monsieur le candidat. Quant à moi, ce que je trouve monstrueux, c'est de voir des républicains qui s'aiment entre eux à la façon de Caïn et d'Abel, s'unir étroitement dans le but de faire échec à de braves gens qui ne demandent qu'à réparer le mal causé par la République. Aux élections municipales de Paris, au dernier scrutin législatif de Moulins, on vous a vus quêter les voix des collectivistes-socialistes-révolutionnaires, et même celles des anarchistes. C'est contre cette coalition-là que vous auriez dû diriger vos foudres, car rien ne peut la justifier. Et si le malheur voulait que vous eussiez la victoire, que voudriez-vous que fît une Chambre, composée d'éléments aussi disparates, représentant des vues aussi contraires.

— Et vos conservateurs bigarrés, une fois élus, s'entendraient-ils davantage? Père Jean, il y aurait de la mauvaise foi à ne pas vouloir en convenir!

— Monsieur le candidat, permettez-moi une observation. Je remarque que vous vous étendez avec une complaisance très intentionnelle selon moi, sur la diversité d'opinions du parti conservateur actuel. Mais réellement et effectivement, il n'y a que deux nuances : bonapartistes et royalistes. Depuis le 5 août

1873, il n'y a plus d'orléanistes, la fusion existait depuis cette époque, et a été cimentée par la mort d'Henri V. N'en déplaise aux républicains qui voudraient faire croire à nos divisions, les partisans de Philippe VII ne sont plus que royalistes. C'est leur véritable nom.

— Et la question de drapeau? Vous n'en parlez pas.

— La question de drapeau n'existe plus pour personne en France, monsieur. C'est très fâcheux pour vous, je ne dis pas le contraire; mais nous ne la rétablirons pas pour vous faire plaisir. Et si vous faites l'incrédule, regardez bien... Voilà le régiment qui passe: le drapeau que vous et moi nous allons saluer, porte dans ses plis trop de gloire, pour qu'on songe à le bannir... Maintenant, il est un terrain sur lequel, même élus, nos candidats s'entendront toujours : *la revendication des libertés primordiales dont vous nous avez privés, et principalement la liberté religieuse.*

— Encore ?... Savez-vous que vous devenez édifiant, père Jean!

— Gardez vos rires pour la Chambre, monsieur, vous êtes ici au village où vous allez à la messe, le dimanche, avec un gros livre sous le bras.

— M'en faites-vous donc un crime?

— Non pas!... Je voudrais seulement vous voir être un sujet « d'édification » au Palais-Bourbon avec vos votes, aussi bien qu'à la campagne, avec votre gros missel.... A l'appui de ce que je disais tout à l'heure, le sympathique et chevaleresque Paul de Cassagnac s'écriait un jour en pleine Chambre : « Avant d'être impérialiste, je suis catholique, car les gouvernements passent et la religion reste. » Il avait raison. Et nous pensons tous la même chose. Mais ne venez pas crier au « cléricalisme » ou à l' « intolérance » nos candidats sont tous d'accord pour demander: Que nos ordres religieux puissent enseigner et prier en paix, que nos églises restent ouvertes, que nos curés soient libres dans leurs églises....

— Pardon, si je vous interromps, mais vous seriez bien aimable, père Jean, de me citer un seul exemple de curé poursuivi jusque dans son église ?

— Vous avez la mémoire courte, monsieur : A Saint-Nicolas-des-Champs, vous faites le siège de la sacristie, avec vos hommes de police ; à Sainte-Geneviève vous chassez les prêtres de l'enceinte sacrée; vous mettez les scellés sur la Chapelle Expiatoire, sans compter les innombrables sanctuaires privés que vous avez fermés après vos fameux décrets... Et l'histoire de ce gendarme placé de planton au pied de la chaire, et verbalisant contre M. le curé avant qu'il n'ait rejoint l'autel pour chanter le *Credo*.

— C'était un curé factieux !...

— Je crois bien !!... Il venait de lire une Encyclique du Pape.

En voilà un crime ! Encore un bienfait de la République « progressive »!.. Il faut s'incliner et trouver cela très bien... Je reprends: Nous demandons que nos ecclésiastiques ne paient pas l'impôt du sang. Même chez les Hindous cela ne se fait pas,

— Mais en cas de guerre, ils ne serviront que comme aumôniers, le ministre de la guerre l'a formellement déclaré à la tribune.

— En ce cas, où est l'utilité des 28 jours?... Ont-ils besoin d'apprendre l'exercice et les manœuvres en temps de paix, pour donner l'absolution et dire la messe en temps de guerre?... Dieu me garde de faire au ministre l'injure de douter de sa parole ! mais, tant que les 28 jours resteront inscrits dans le projet de loi, je me méfie quelque peu des surprises de la fameuse « politique progressive »... Nous voulons que nos prêtres ne quittent pas leurs églises, qu'ils continuent comme par le passé à baptiser nos enfants, les élever chrétiennement, et non comme des petits chiens, leur faire faire la première communion, consacrer leur mariage religieux, bénir le chevet de nos mourants et la tombe de nos morts. Nous entendons ne rien changer à la religion de nos pères. Ce sont là, vous le voyez, des exigences très raisonnables, et sur ce chapitre-là, nos candidats, je vous le jure, n'auront pas l'ombre d'une division.

— Oui, mais quand il s'agira de fonder ?

— Eh bien ! vous le verrez, nous fonderons une bonne fois. L'expérience rend sage, et nos députés, dès que la loi le leur permettra, se hâteront d'établir un gouvernement honnête et solide, qui pût leur garantir tout ce que vous nous refusez.

— L'âge d'or, quoi !

— Je ne dis pas que ce sera l'âge d'or, mais ce sera toujours infiniment préférable au gâchis dans lequel nous nous débattons grâce à vous.

— Allons! c'est entendu. Nous n'avons rien fait de bien !

— Dam! Voulez-vous me citer une seule loi votée par vous, qui soit réellement profitable au pays?... « Affirmer la République » voilà votre fort, mais pour la faire fonctionner, c'est autre chose, vous ne nous avez toujours montré que l'impuissance la plus absolue. Vous allez peut-être me répondre que la République n'est pas encore assez solidement assise... A chaque législature, à tous les renouvellement partiels du Sénat, vous répétez depuis dix ans : « C'est bien fini, la République est définitivement fondée »!... Tenez, vous me rappelez un *mot*, qui m'a été dit l'autre jour, par un vieux du pays, un ancien soldat d'Afrique, sergent à la prise d'Alger. Nous lisions, lui et moi, la dernière phrase d'une de vos affiches : « Électeurs! en votant pour des républicains vous allez *fonder* la République d'une manière définitive! » Il me pousse du coude, et clignant de l'œil, il me dit : « Dis donc, l'ami! Trouves-tu pas qu'à force de la *fonder*, leur République, elle commence à *fondre!* »... Et moi, qui suis tout à fait de cet avis, je pourrais vous dire : « Prenez garde qu'avant d'être *fondée*, elle soit *fondue!*...

— Voulez-vous que je vous dise, père Jean : Si les conservateurs voulaient venir a nous bien franchement, afin de former sous l'égide des institutions républicaines un grand parti modéré, un véritable parti de gouvernement, les excentriques seraient mis de côté, et le pouvoir serait bien fort.

— Mais saperlipopette! Ils y sont venus, à vous, les conservateurs, sous M. Thiers, M. Dufaure, M. de Marcère, et plus tard encore; cela ne vous a pas empêchés de glisser tout de même. Gambetta l'avait bien dit : « La planche est savonnée, ils iront jusqu'au bout ». A quoi bon renouveler l'expérience? « Chat échaudé craint même l'eau froide » vous savez!... C'est en 1880 que le vide s'est fait autour de vous, vos décrets ont fait sauter la mine, et ce sont de vos amis, qui ont crié : « Sauve qui peut! »

— Parlons-en! Des réactionnaires de la plus belle eau, comme Rousse, Demolombe, Allou, Vacherot, Jules Simon...

— Vous êtes singuliers, vous autres démocrates!... Aussitôt qu'un des vôtres fait quelque chose d'honnête, vous lui déniez au même instant la qualité de républicain. Si vous élaguez ainsi votre parti, ce n'est pas aimable pour ce qui reste, vous en conviendrez. Jules Simon n'est pourtant pas un « clérical », c'est un philosophe, et je le tiens pour un homme aux idées parfaitement honnêtes. C'est lui qui a prononcé au Sénat une parole qui mériterait d'être enchâssée dans un cadre d'or : « Quand on a promis la liberté, il faut la donner, dût-on en mourir. »

— Parbleu ! un orléaniste !... A l'Académie, avec le duc d'Aumale, à l'ancienne Assemblée avec *Monsieur* Dupanloup, il leur donnait toujours du « *Monseigneur* » en plein visage.

— Eh bien ! cela prouve qu'il sait vivre, voilà tout.

— Et la décoration qu'il porte, c'est la monarchie de juillet qui la lui a donnée.

— Tiens !!! Voilà que vous répétez mot pour mot ce que les bonapartistes disaient de lui en 1869, lorsqu'il posait sa candidature démocratique à Reims et à Montpellier. Vous souteniez alors Jules Simon dans tous vos journaux, contre ces mêmes bonapartistes.

— Sous l'Empire, c'était différent. Nous gémissions sous la tyrannie, et tous les moyens étaient bons.

— C'est juste, voilà de la pure morale républicaine. Les principes,.. « Guitare », comme dit M. Ranc, votre ami.

— Mes compliments, père Jean, vous êtes très fort ! Voilà ce qui peut s'appeler une discussion générale serrée. Voulez-vous que nous passions à la « discussion des articles », comme nous disons en langage parlementaire. Vous avez lu notre profession de foi collective ?

— Oui, monsieur, je l'ai lue, et je ne puis que me répéter : Je ne voterai, ni ne ferai voter pour la liste sur laquelle figurera votre nom.

— Je me trouve cependant en compagnie d'hommes très modérés : deux « centre gauche » et trois « union républicaine ».

— Mon Dieu ! vous vous valez tous à un moment donné, témoins vos alliés de la dernière heure, partisans du drapeau rouge et du drapeau noir... D'abord, je réprouve tout votre programme; il porte l'étiquette républicaine, cela me suffit, je n'en veux pas !

— Comment ! vous en êtes là, père Jean ?

— Oui, monsieur, et j'en serais toujours là. *Un trompé ne l'est pas deux fois.*

— De grâce, père Jean, faites-moi l'honneur de discuter avec moi.

— Que diable voulez-vous que je discute ? Voilà une bonne

heure que je n'arrête pas de parler... Causons un peu de l'agriculture ; qu'avez-vous fait pour elle ? Rien, rien, encore rien !

— Père Jean, je vous assure que ce n'est pas la bonne volonté qui nous a manqué, mais, que voulez-vous, on manque d'argent... L'année prochaine, nous supprimerons le budget des cultes, et, soyez tranquille, nous pourrons en reverser une bonne part sur le budget de l'agriculture.

— C'est cela, toujours des promesses !!.. Et puis, dites-moi donc, si vous supprimez le budget des cultes, il faudra entretenir nos églises et payer nos prêtres, vous trouvez que nos impôts ne sont pas assez lourds, sans parler de l'avenir, et viendrez-vous nous aider de vos bourses ? On manque d'argent, dites-vous, à qui la faute ? Et tous vos gaspillages insensés ?.. Tenez, quand je passe devant la maison d'école, cela me fait bondir !.. Et pourtant, vous savez, monsieur, si je suis partisan de l'instruction ! C'est le peu que j'ai reçu qui me permet aujourd'hui de vous tenir tête, car je vous trouve fièrement retors et il faut jouer serré avec vous, dans la discussion.

— Les écoles, voyez-vous, père Jean, ç'aura été la grande pensée du règne !

— Quel *règne ??*.. Connais pas cette expression là en république !... Est-ce une raison pour bâtir de véritables palais, parfaitement ridicules dans nos modestes villages. Si cela continue, vous les construirez en marbre blanc, vos écoles !

— Ne vous en déplaise, père Jean, nous voulons que l'école éclipse le château !

— Et l'église, n'est-ce pas ? Dites-le donc franchement, vos journaux le crient assez haut,... vous voulez que *l'école se dresse menaçante en face de l'église*. Eh bien ! de ce côté-là surtout, attendez sous l'orme, cher monsieur, jamais *ceci* ne tuera *cela !!*.. Et puis, en voilà de la démocratie mal placée !! Les propriétaires de châteaux peuvent se faire construire des habitations de luxe et trouvent encore moyen de donner de l'argent aux pauvres tandis que vous, avec vos écoles princières, vous réclamez de l'argent à tous les contribuables, et quand on vous en demande pour les choses utiles, vous répondez que vous n'en avez plus... Mais arrivons au Tonkin. C'est peut-être, soyez-en sûr, ce qu'on vous reproche le plus aujourd'hui. Votre guerre du Tonkin est on ne peut plus impopulaire.

— Cependant, il n'y a eu de manifestations hostiles sur aucun point du territoire ; l'ordre n'a pas été troublé un instant.

— Vous savez bien, monsieur, que les honnêtes gens ne font jamais d'émeutes ; ils supportent, ils protestent, mais vous ne les avez jamais vus descendre dans la rue et remuer les pavés. Ce n'est pas sans raison qu'il s'appelle le parti de « l'ordre, » malgré vos sarcasmes, il justifie bien son nom.

— Père Jean, la guerre du Tonkin était indispensable. C'était une question d'honneur national... La France avait des droits qu'il fallait faire respecter ; que diriez-vous si des voleurs à main armée venaient s'emparer de vos champs et de vos vignes, et piller vos granges, vous les chasseriez à coups de fourche, ou à coups de fusil, eh bien, là bas, la situation est la même.

— Vous me racontez cela pour les besoins de votre cause, monsieur le candidat. Tout le monde sait qu'en Tunisie ; comme au Tonkin, c'est une pensée de spéculation véreuse et de tripotages inavouables qui a dicté vos résolutions. Avec çà que nos maîtres en sont à leur coup d'essai... Ce que vous nommez pompeusement : *Un magnifique empire colonial* ne sera absolument qu'un *nid à fonctionnaires*. Les comptoirs sont accaparés déjà par les Anglais, par les Allemands, par tout le monde excepté nous. Et cette colonie nouvelle, nous coûtera dix fois plus qu'elle ne nous rapportera, car le produit du pays le plus clair, ce sera des places, toujours des places, que vous allez créer à l'infini, pour rétribuer grassement toutes vos créatures.

— Je vous ferai observer, père Jean, que la question du Tonkin a pris naissance en 1874. C'est le ministère Buffet, qui, par sa politique, nous a légué cette lourde affaire.

— Celle-là est trop forte par exemple !.. Vous attendez onze ans pour rejeter sur « *l'ordre moral* » une responsabilité qui, d'après vous, lui appartiendrait tout entière ! Vous voilà devenu bien chevaleresque tout d'un coup !.. Laissez le ministère Buffet en paix, je vous y engage. Si vous nous l'aviez laissé, nous n'en serions pas où nous en sommes, politiquement et financièrement. Ces hommes là servaient la France, au lieu d'emplir leurs poches, et ils quittaient le pouvoir, comme ils y étaient entrés... Maintenant, je veux bien admettre un instant (mais par pure hypothèse), que la politique étrangère du ministère Buffet ait nécessité de notre part une intervention au Tonkin,

il aurait immédiatement envoyé le nombre d'hommes néces-
saire et tout aurait été fini. Nous n'aurions pas eu à déplorer
la mort des Rivière, des Berthe de Villiers, des Courbet et de
tant de braves soldats plus obscurs, mais non moins glorieux.
Et je ne compte pas tous les malheureux tombés sans gloire
sous les coups perfides du climat et de la maladie, privés pour la
plupart de soins et de médicaments. Quand je pense que tout
cela est dû, non pas seulement à votre coupable incurie et à
votre folle imprévoyance, mais surtout à une politique de cal-
cul, odieuse et criminelle qui a toujours fait passer les mes-
quines et misérables questions de parti avant les intérêts sacrés
de la Patrie française !

— Père Jean, c'est de la calomnie !

— Pas le moins du monde, monsieur, c'est de l'histoire, les
lettres de ce pauvre amiral Courbet en font foi.

— Et si elles sont fausses ?

— Elles ne sont que trop authentiques, vous le savez bien,
puisque voilà deux mois que vous essayez de les réfuter. D'ailleurs, le *Journal de Maine-et-Loire* puis le *Gaulois* les ont
mises sous les yeux de vos amis. Je vous en prie, Messieurs,
ne prêtez pas vos propres instincts aux autres. Vous devriez
comprendre que de pareils soupçons ne peuvent atteindre les
nobles amis de l'amiral. Venir parler de lettres fausses dans un
parti où l'on a élevé les petits papiers à la hauteur d'une insti-
tution politique, c'est raide !

— Mais, père Jean, vous ne voyez donc pas que c'est une manœuvre électorale de la réaction aux abois, qui n'a pas eu honte
d'exploiter un cadavre, pour s'en servir comme de tremplin.

— Eh bien ! vous avez un fameux toupet ! comme dit votre
ministre de la Guerre... Mais il y a des mots qui devraient
vous brûler les lèvres, monsieur !.. Est-ce nous qui avons allumé
la guerre civile en février 1848, avec le feu des torches éclai-
rant les cadavres du boulevard des Capucines ?.. Est-ce nous
qui avons promené dans tout Paris, avec cent mille hommes
derrière nous, le corps sanglant de Victor Noir, pour essayer de
renverser le trône impérial ?

Et s'il y a un tremplin au monde, c'est bien le cadavre de
Baudin qui servit à votre Gambetta, profondément inconnu alors
pour se faire une notoriété, et s'élancer vers la dictature... Sa-

chez-le, monsieur, lorsqu'on appartient à un parti qui compte
de tels états de service, on n'a qu'un droit : celui de se taire !
Et j'admire votre audace, de prononcer le mot de manœuvre
électorale quand votre Ferry et sa bande servile ne se sont préoc-
cupés que d'une chose, dans cette malencontreuse guerre, le
souci de leur propre réélection !

— Nous avons songé à l'intérêt supérieur de la République.

— Et la France, monsieur ! ! ! Tenez, vous me forcez à vous
faire la même réponse que le duc d'Aumale à Bazaine, dans la
salle de Trianon. Comme le maréchal, traître à sa patrie, vous
mériteriez tous de passer en conseil de guerre !

— Vous oubliez, père Jean, que « *monsieur* » Freppel, député
de la droite, a constamment voté les crédits avec nous.

— Je le sais bien. Et mes compliments, messieurs, de votre
reconnaissance à son égard, en lui refusant systématiquement
tout ce qu'il vous a toujours supplié de maintenir au budget.
Mais, remarquez bien que monseigneur Freppel, s'il vote comme
député, vote aussi comme évêque. Il se place tout à la fois au
point de vue du Français, de l'homme d'État et du chrétien. Il
vise la grandeur de la patrie, l'influence française en Indo-Chine,
et la propagation du catholicisme, sur une terre infidèle. Si
vous n'aviez agi que dans ce but-là, nous n'aurions jamais songé
à vous jeter la pierre. Dans tous les cas, l'évêque d'Angers a
fait ses réserves à chaque vote, et tout en accordant les
crédits, il a toujours réclamé en Extrême-Orient une politique
énergique, une action vigoureuse et rapide, ce que vous n'avez
pas voulu faire !...

— Enfin, père Jean, vous me l'avez dit vous-même un jour :
« Cette guerre rend un peu de lustre à nos armes, nos généraux
se sont couverts de gloire. »

— Sans doute, et je le dis encore ! Mais leurs succès eussent
été bien plus brillants et surtout plus profitables, si les « poli-
chinelles » qui leur dictaient des ordres, ne leur avaient pas lié
les deux mains comme ils l'ont fait, pour les besoins de la cause
électorale. On n'a pas voulu déclarer franchement la guerre,
pour ne pas effrayer les populations, on a inventé les mots hy-
pocrites de « politique de représailles » de « politique de gages »,
etc... ; on n'a expédié les renforts que bribes par bribes, afin
de ne jamais laisser croire à un état de guerre sérieux. Pendant

ce temps, nos généraux, attendant toujours les renforts annon-
cés, faisaient des prodiges avec leurs petits effectifs, et l'ennemi
(à qui tous les retards, toutes les hésitations du gouvernement
avaient donné le temps de s'organiser) infligeait à nos troupes
héroïques des pertes sérieuses. On commençait à s'apercevoir,
malgré les déclarations de M. Jules Ferry, que la Chine n'était
plus « une quantité négligeable ». Enfin, à force de bravoure,
d'intrépidité et de savante tactique, l'amiral Courbet s'empare
de Son-Tay. C'est son plus beau fait d'armes. Il s'apprête à
faire marcher ses admirables troupes sur Bac-Nihn, vite on le
remplace par le général Millot.

— Mais, père Jean, l'amiral Courbet allait opérer dans les
mers de Chine. Il ne pouvait être partout à la fois.

— Bah ! C'est la raison opportuniste que vous me donnez là,
monsieur ; mais la vraie raison nous la connaissons bien, allez !...
Les succès sans précédents de l'amiral Courbet avaient attiré l'at-
tention sur lui, et déjà, dans les Chambres comme dans le pays,
on prononçait son nom pour la présidence de la République, en
cas de mort ou de démission de M. Grévy. Or, on se méfiait de
ce grand soldat qui n'a jamais parlé que de la France dans ses
proclamations, et qui n'a pas craint d'envoyer son offrande de
chrétien, à l'église du vœu national du Sacré-Cœur, à Mont-
martre. On a pensé que les lauriers de Bac-Ninh, ajoutés à sa
couronne de brave, le rendraient trop glorieux, trop populaire,
et par contre trop redoutable. On s'est souvenu de Bonaparte,
après Marengo, et on l'a envoyé s'immobiliser devant Formose et
les îles Pescadores ; on s'est débarrassé du marin sans peur et
sans reproche, pour le remplacer par un général foncièrement
radical, mais profondément incapable... On a baptisé cela : de la
haute politique, au quai d'Orsay ; moi, j'appelle cela une infa-
mie et un manque absolu de patriotisme... Dans les mers de
Chine, comme à Son-Tay, l'amiral trouve moyen de faire revivre
les Duquesne et les Duguay-Trouin ; mais ce n'est qu'un éclair. Il
est désormais condamné à l'inaction. Faute d'une déclaration de
guerre en règle, il est obligé de laisser se continuer la contre-
bande de guerre jusque sous ses yeux, sans avoir le droit de
tirer un coup de canon. Le pavillon allemand apporte à l'ennemi
armes et munitions, pendant que les Anglais nous refusent du
charbon. L'amiral veut en finir une bonne fois. Il envoie à

Paris dépêches sur dépêches, réclamant un ordre suprême lui permettant de brûler les ports, et de ruiner la marine chinoise. On le lui refuse. L'intérêt électoral exige que l'on fasse traîner les choses en longueur, afin de bâcler une paix à n'importe quelles conditions, à n'importe quel prix, à l'instant, le plus propice pour les élections... Les élections!!.. pendant que nos soldats meurent pour le drapeau!!.. Enfin on croit le moment venu, et comme on se propose de convoquer le corps électoral en mai, on veut une victoire dernière, avant de conclure la paix, de façon à offrir au pays deux cadeaux au lieu d'un. On télégraphie de marcher « coûte que coûte » sur Lang-Son, et... vous savez comment on a réussi: Jules Ferry, vous le verrez, Monsieur, a semé à Lang-Son l'herbe qui étouffera la République.

— Je ne partage pas votre pessimisme, père Jean, la paix est faite.

— Oui, mais on se bat toujours; et là où l'on ne se bat pas, on massacre! On dresse à nos troupes des embûches perfides; on tue nos missionnaires et les chrétiens favorables à la France. Et tout cela, parce que votre Brisson continue les Ferry, et exige que de Courcy soit diplomate au lieu d'être militaire. Le général et son entourage voulaient assurer solidement la pacification du pays, votre ministère l'en a empêché, et, aujourd'hui, le commandant en chef est obligé d'envoyer une brigade à Qui-Nhone, pour tâcher d'éviter une pointe de l'ennemi sur le Tonkin... Peu m'importe la paix avec les Chinois, s'il faut continuer à guerroyer contre les pirates, les rebelles et les Pavillons-Noirs de l'Annam; avant peu, nous retrouverons la Chine derrière; vous savez comme moi ce que valent ses traités. D'ailleurs, personne n'y croit sérieusement à cette paix, vous l'avez faite trop humiliante pour qu'elle puisse durer. Vous attendez les élections, pour faire partir la division de réserve qui existe encore virtuellement... Et le sang de nos enfants recommencera à couler, et nos millions à danser à nouveau leur danse fantastique!

— Père Jean, je fais appel à votre patriotisme! Quand le drapeau est engagé...

— Eh bien, monsieur! quand le drapeau est engagé, on écoute les avis des chefs militaires, des vrais patriotes, comme Rivière, Brière de l'Isle, Courbet, Roussel de Courcy! On tient compte de leur expérience, de leurs connaissances techniques, de leurs talents militaires en un mot, et on ne leur impose pas de marches stratégiques, lorsqu'on n'est qu'avocat, fût-on vingt fois président du Conseil !

Enfin, quand le drapeau est engagé, on ne pense qu'à lui et non à soi, et on n'arrête pas l'élan des généraux, par crainte des électeurs. On ne laisse pas entendre simultanément la voix des diplomates et la voix du canon ; on fait la guerre, ou on ne la fait pas ! Vous faites appel à notre patriotisme, monsieur, n'ayez crainte ! si l'honneur du drapeau veut qu'il reste là-bas, nous le confierons à des mains plus dignes, plus patriotes que les vôtres.

— Mon Dieu, père Jean, je ne dis pas qu'il n'y a pas eu de fautes de commises ; mais ce n'est pas une raison pour déverser sur un régime, toutes les calomnies que vous accumulez contre lui, lorsqu'en définitive, quoique s'appelant République, il n'en est pas moins un gouvernement comme tous les autres, malgré ses imperfections.

— Ah ! comme vous avez changé les mots du dictionnaire, vous autres ! si on vous met le nez dans vos votes, vous criez à la calomnie, et ce que vous traitez d'imperfections, je le qualifie de crimes et de crimes de lèse-patrie encore !... Quant à vous définir : « un gouvernement comme les autres », vous trouverez bon que je le nie de toutes mes forces. En voulez-vous plusieurs exemples ?.. Sous un gouvernement normal, on ne constate pas les démissions en masse de plus de deux cents procureurs et substituts, comme cela vous est arrivé après vos décrets... Sous un gouvernement normal on pratiquerait la liberté de conscience loyalement, on lui donnerait sa véritable signification, mais on ne la travestirait pas hypocritement comme vous le faites. On n'afficherait pas la ridicule prétention de respecter la conscience des soldats en supprimant les messes militaires, et en leur consignant les églises, quand vous osez les commander de service pour escorter et saluer du sabre les cercueils impies de Gambetta et de Victor Hugo.

Et dans un ordre de choses infiniment moins élevé, ce n'est pas sous un gouvernement normal, qu'on verrait des représentants de l'autorité donner un caractère en quelque sorte officiel à des saturnales bachiques de pompiers de province, où l'on rit beaucoup, où l'on boit plus encore, où l'on parodie grossièrement l'enterrement d'un pochard, qui dormait si fort qu'il ne

se réveilla plus !!!... Le 14 juillet, dans une ville du Midi (1)
les républicains promènent le buste de la Marianne, en singeant
les cérémonies religieuses, avec des cris et des chants obscènes.
Citez-moi donc un seul régime honnête où des fonctionnaires
aient prêté leur concours à des scandales de ce genre-là ! Entre
nous j'aimais mieux le temps où on les invitait à la procession.
Enfin, est-ce encore sous un gouvernement « comme tous les
autres » qu'on souffrirait qu'aux fêtes publiques, les retraites
aux flambeaux fussent suivies par des bandes de jeunes citoyens
de dix à douze ans, braillant à tue-tête : « Les curés, sac au
dos !!! Les curés, soldats. !! » Sous les régimes précédents, le
bonnet d'âne ou le fouet eût récompensé cette graine de communard, aujourd'hui on leur donne sans doute la médaille, pour
leur belle conduite civique.

— Sans reproche, père Jean, je trouve que vous vous écartez
un peu de votre sujet, et je brûle d'entendre la péroraison.

— Plaisantez à votre aise, monsieur le candidat, rira bien qui
rira le dernier. Je n'ai pas fait ma rhétorique, moi, et, je crois
vous l'avoir déjà dit : Je fais ce que je peux. Vous m'avez posé
une foule de questions, vous m'avez fait quantité d'objections,
j'ai tenu à répondre à toutes, afin de bien vous prouver que je
ne suis plus disposé à me « laisser monter le coup » comme dit
mon berger...
Je regrette néanmoins de vous avoir tenu si longtemps
monsieur, et je conclus : vous nous aviez promis le « gouvernement du pays par le pays », vous nous avez donné l'oppression
du pays par un parti, et un parti haineux, étroit, sans grandeur,
sans patriotisme. Vous nous avez donné le spectacle lamentable
d'une coterie orgueilleusement triomphante, fermée à tout ce
qui ne s'avilissait pas devant elle, et traitant la France en pays
conquis... Vous nous aviez promis la liberté, vous nous
avez donné l'arbitraire et la violence... Vous nous aviez
promis la liberté de conscience ; et pour opprimer toutes
les consciences, vous avez créé l'athéisme d'État... Vous nous
aviez promis le relèvement de la patrie ; nous servons d'ins-
trument et de jouet à la politique de M. de Bismark, notre

---

(1) Montauban.

ennemi héréditaire; vous nous humiliez devant les Anglais qui nous détestent, et les puissances s'éloignent de nous...Vous nous aviez promis le dégrèvement des impôts et l'économie dans les finances, le gouffre du déficit se creuse tous les jours sous nos pas, et avec une dette effroyable qui s'augmente à chaque instant, nous marchons à pas de géant vers la banqueroute nationale... Vous nous aviez promis la prospérité ; et l'agriculture se meurt, l'industrie chôme, le commerce s'épuise en vains efforts. Vous avez apporté dans les affaires un marasme épouvantable, tandis que l'étranger prospère à côté de nous. Enfin, vous nous aviez promis la paix, la paix quand même, la paix à tout prix, vous aviez gravé au frontispice de votre Exposition universelle de 1878, le mot *PAX* en lettres colossales, et le pays tout entier vous donnait sa confiance et acclamait cet heureux présage. Eh bien, au lieu de la paix, vous nous avez donné la guerre, la guerre partout; la guerre dans le Sud oranais, la guerre en Tunisie, la guerre au Tonkin, la guerre avec la Chine, la guerre à Madagascar ; au Sénégal, en Cochinchine, au Cambodge, nos troupes luttent contre l'insurrection indigène, et la guerre sociale, la plus terrible de toutes, s'annonce dans Paris à bref délai... Voilà pourquoi nous sommes tous résolus à tenter un décisif et vigoureux effort pour épargner à notre chère France tous les malheurs qui la menacent si les républicains reviennent au pouvoir.

Pendant que les « Babyloniens » perdent leur temps à se disputer, et ne peuvent arriver à se mettre d'accord sur aucun point, les conservateurs sont organisés comme ils ne l'ont jamais été. Les conférences se multiplient dans tous les coins de la France. Les orateurs les plus distingués de la cause de l'ordre, s'en vont partout, prêchant la croisade de l'agriculture, et leur zèle infatigable porte à tous « la bonne parole » ! Dans les centres manufacturiers, les populations laborieuses reviennent à nous ! Du nord au midi, dans l'ouest, comme dans l'est, les cultivateurs, tous debout, n'attendent que l'heure du scrutin... C'est la solennelle et imposante veillée des armes qui prépare les cœurs et qui trempe les courage, pour la grande bataille pacifique et légale, pour le triomphe de la France honnête, celle qui prie, qui travaille et qui se bat... Et tandis que les listes républicaines vont se multiplier à l'infini, nous n'aurons partout, nous autres, qu'une

seule liste conservatrice. Chaque département tiendra à honneur
de ne pas voter autrement que son voisin !... Au reste, le mot
d'ordre est donné, je n'en fais pas mystère : *Voter pour des hommes
désintéressés, honnêtes et capables, qui ne s'inspireront que des vrais
intérêts de la patrie et du véritable bien public; ne pas regarder à la
cocarde, pourvu qu'on nous promette de nous rendre toutes les libertés
que la République nous a ravies et auxquelles doit prétendre un
peuple vraiment libre ! Mais une fois pour toutes et à aucun prix,
nous ne voulons plus entendre parler de républicains !!*

— Ah! mon gaillard, quel plaisir nous aurons à invalider vos
listes! L'eau m'en vient à la bouche !...

— D'avance !!... Vous nous menacez d'invalidations en masse,
avant même que le scrutin soit ouvert !.. Vous voyez combien
vous étiez de bonne foi, quand vous vous retranchiez derrière
les grands mots de « moralisation du suffrage universel ». Je vous
prends la main dans le sac cette fois-ci, mon beau monsieur !...
Croyez-moi, la colère vous fait commettre une maladresse. Et
puisque nous voilà prévenus, puisque c'est maintenant pour nous
une question de vie ou de mort, nous allons faire feu de toutes
pièces, nous allons brûler nos vaisseaux, et avec l'aide de Dieu, nous
aurons la victoire, car, souvenez-vous, monsieur, toutes les fois
qu'on a su prendre le taureau par les cornes, on vous a vaincus!

— Prenez garde à la guerre civile, monsieur Jean! Si vos
hommes triomphent, c'est ce qui vous attend. Un homme averti
en vaut deux !!

— Oh! oh!!... A mon tour, monsieur, je vous préviens que
vous ne nous intimiderez pas !... Vous venez de dire là une
vilaine parole, et vous employez un mauvais moyen, avec des
Français surtout !.. Voilà bien comme vous êtes, vous tous !... Vous
nous flattez, vous nous endormez, vous nous bernez, tant que
nous sommes assez niais pour nous laisser exploiter, tromper,
gruger par vous, et si un jour, désabusés, fatigués, écœurés, nous
ouvrons les yeux et nous manifestons la moindre velléité d'indépendance, vous entrez en fureur et vous n'avez plus qu'un
mot sur les lèvres: La guerre civile !!... Eh bien mais !... en pa-
reil cas, tout l'odieux serait pour vous, ce me semble, et cela
n'aurait qu'un résultat : vous faire détester encore davantage !...
Mais il n'y a pas de danger, c'est moi qui vous le dis! Avec qui
et avec quoi, la feriez-vous donc, votre guerre civile? La garde

nationale n'existe plus et ne sera pas encore rétablie demain, que je sache!.... Et croyez-vous que l'armée — qui vous sert, qui vous craint, mais qui ne vous aime pas — croyez-vous que l'armée, (dès que vous ne serez plus La Loi), se sente bien disposée à vous laisser piller ses casernes et ses arsenaux, pour essayer de ressaisir un pouvoir que la France vous aura arraché des mains? Irez-vous sonner à la porte de chaque pompier, pour lui emprunter son fusil à pierre ou son fusil à piston? Réquisitionnerez-vous les quelques chassepots des sociétés de tir ou de gymnastique? A moins que vous ne fassiez entrer en ligne vos formidables bataillons scolaires??... Par grâce, monsieur le candidat, ne vous emportez plus ainsi, cela n'améliorera en rien vos affaires électorales, rappelez-vous Montauban! (1) Au printemps dernier, il s'agissait d'élire un conseiller général. Deux candidats étaient en présence : un républicain et un conservateur. La lutte avait été très chaude, et le conservateur avait carrément affirmé ses sympathies pour M. le Comte de Paris... Les chances les plus certaines étaient du côté du républicain, lorsque celui-ci, à la dernière heure, fait placarder une affiche où il menaçait de la guerre civile si le nom de son concurrent sortait de l'urne. Les Montalbanais ont bondi sous le trait, leur dignité d'électeurs s'est sentie atteinte, et pour affirmer leur indépendance, ils ont répondu à la menace du républicain, en élisant le monarchiste. Eh bien! monsieur le candidat, ou j'y perdrai mon nom, ou nous ferons tous comme à Montauban!!

— Père Jean, touchez là! vous êtes crâne, à la bonne heure!

— Votre main, monsieur, que je la serre bien fort!... Et je salue en vous la majorité républicaine qui va mourir!!!

FIN

---

(1) Ce n'est pas dans la ville de Montauban, que l'incident s'est passé, mais dans un chef-lieu de canton de l'arrondissement de Montauban.

IMPRIMERIE CENTRALE DES CHEMINS DE FER. — IMPRIMERIE CHAIX.

RUE BERGÈRE, 20, PARIS — 19288-5.

IMPRIMERIE CENTRALE DES CHEMINS DE FER. — IMPRIMERIE CHAIX.

RUE BERGÈRE, 20, PARIS. — 10290-5.

www.ingramcontent.com/pod-product-compliance
Lightning Source LLC
Chambersburg PA
CBHW051751050726

47598CB00003B/1431